Des fleurs et des épines

Un recueil de chants et de poésie

Luc A. Granger

Des fleurs et des épines

Un recueil de chants et de poésie

© 2016 Luc A. Granger

Edition : BoD - Books on Demand
12/14 rond-point des Champs Elysées
75008 Paris

Imprimé par BoD – Books on Demand, Norderstedt
ISBN : 978-2-3221-1497-9
Dépôt légal : Novembre 2016

Merci à ma conjointe Monique, ma muse pour les chants et les poèmes d'amour : «*C'est à toi que je pensais quand je les écrivais!*»

Une pensée émue pour les membres de ma famille, vivants ou décédés, qui m'ont inspiré le chapitre «*Famille*» du présent recueil.

Merci au reste du monde pour m'avoir inspiré les autres chants et poèmes et, aussi, pour les efforts que ce même monde fera, espérons-le, pour s'améliorer un tant soit peu!

Merci Jean Pierre pour ton aide.

TABLE DES MATIÈRES

POÉSIE

Ô poésie!	page 9
Le poète a des vers	page 10
À quoi ça rime!	page 11
Alexandrin	page 12
Je parle une langue belle	page 13

L'AMOUR

Je t'aimais déjà!	page 14
Belle-de-jour, Belle-de-nuit	page 15
Cette chanson d'amour	page 16
Imagine un instant	page 17
Je rêve aux étoiles	page 18
Des ailes pour elle	page 19
Notre roman d'amour	page 20
La plus belle est celle qu'on aime	page 21
Papillon	page 22
Creo que la quiero	page 22
Amour tropical	page 23
L'étoile bleue	page 24

VIVRE-SOUFF/RIRE-MOURIR

Vivre!	page 25
Je te tendrai les bras	page 26
Tes yeux	page 27
Je meurs ma vie	page 29
Sur mon bateau	page 30
Moi, je te croyais!	page 31
Mirage	page 32
Je te tiens la main	page 33

MOI

Je me sentais si seul	page 35
Pas d'excuses!	page 36
Dans ma vie...	page 37
Une montagne sur mon chemin	page 38
Qu'as-tu fait de ta vie?	page 39
*Let it Be*atles!	page 39

FAMILLE

L'ancêtre acadien	page 40
Ma chanson est une émotion	page 41
Je me souviendrai de toi... Maman!	page 42
Le blues du ch'min Hemming	page 44
Ô musique!	page 46
Mes trois perles	page 47
Je t'ai perdu mon frère	page 48
Gabrielle	page 50
Tu es si petite Lilia	page 51
Petit Samy (Puis il y a toi...)	page 52
Petit Jackson	page 53

LE MONDE : (UN) PEU D'ESPOIR?

Ça, je le sais!	page 55
L'enfant qui dort sur la plage	page 56
Des riches et des pauvres	page 57
Ne m'oublie jamais!	page 58
À qui la faute?	page 59
Le temps qu'il fait sur Terre	page 60
Intersidéré!	page 62
Ma vie en Syrim	page 63
Si la nuit de Noël	page 64
L'intelligence	page 64
Le bonheur	page 65
I am dreaming	page 66
Everlasting nights in white satin	page 67
C'est ça la vie!	page 68

DES FLEURS ET DES ÉPINES – FINALE

Hallelujah!	page 69
Où est l'amour?	page 69

Ce recueil ? Quelque soixante chants et poèmes;
Mon souhait ? Qu'il s'en trouve au moins un que tu aimes!»
Luc A. Granger

POÉSIE

Ô Poésie! (Février 2011)

Ô Poésie! Ta rime effarouche
Ton abord est exigeant, tu fais peur
Tu ressembles au chêne dont la souche
Au fil des ans, prit une telle ampleur
Que nul ne put plus, pleinement, **l'enlacer**

Jeune pousse emplie d'élans mystiques
Tu glorifias le Roi, ses faits d'armes
Et son Dieu, dont les bienfaits magiques
Ont rallié maint barbare à Ses charmes
Par la Force et l'Amour, vaincu, **lassé**

Jeune arbrisseau, tu fus courtisane
Chantas l'Amour, la Vertu aux Nations
Des troubadours, te fis une canne
Tu devins éveilleuse de passions
Nectar des fols amants, **entrelacés**

Arbre mûr, tes doux fruits furent cueillis
Ère faste que celle-là : l'Élysée
De ta gloire, émerveillé, t'accueillit
Œuvres immenses t'ont immortalisée
Tu as rassasié les hommes, **délassés**

Chêne vieillissant, souviens-toi encor
De ces temps où tu menais la ronde
Où est la sève dont vivait ton corps?
Ô Poésie! Quittes-tu ce monde
Rongée par tes propres vers, **déclassée**?

Le poète a des vers (Janvier 2016)

Le poète a des vers plein la tête :
Vers gras, vers ronds, vers rubanés
Ils se bousculent et font la fête
Attendant de se pavaner
Dans une strophe ou une rime
Peu leur importe ce qu'elle est :
Pauvre, riche, plate ou sublime
En autant qu'un poème naît!
Oui, les vers honnissent la prose
Qui sent et goûte l'hérésie
Pour eux, la question est fin-close :
Rien n'est mieux que la poésie!

Les vers vivent dans son cerveau
Formant lacis de lacets flasques
Le poète sait comme il faut
Fouiller ce fouillis sous son casque
L'aède futé, pour son ode
N'a qu'à plonger la main, choisir :
Ici, il prend un vers apode
Qui remplit son rôle à loisir
Là, saisit un vers solitaire
Qui dépeint tristesse et émoi
Vers célestes, ou vers de terre
Un poète a ses vers à soi!

(SUITE…)

Oui, pour toutes couleurs et formes
Pour toutes images, desseins
Les vers sont là, enfouis, informes
Luisants, grouillant comme un essaim
Larve, sangsue, tænia, lombric
Le bon vers fait la bonne phrase
Choisir celui qui tombe à pic
Met son poète en grand-extase
Je le dis, mieux je le répète :
Pour le rimeur, rien n'est inné
Mais il suffit au grand poète
De se tirer les vers du nez!

À quoi ça rime! (Mai 2015)

Festival international de poésie de Trois-Rivières : plaidoyer pour un concours de poésie offrant des bourses égales aux aînés comme aux aînées.

Deux jurys, à l'aveugle, se sont prononcés
En deux mille quatorze et en deux mille treize* :
Victoire de vingt femmes, ils ont annoncée
Yeux scellés, d'aucun homme, ils n'ont vu la fraise!

Leur radar n'en a sauvé qu'un, un «oublié»
Un cas spécial, un spécimen, toute une affaire!
Sur les listes des lauréats publiées
Il ressort tout comme un sacre que l'on profère!

C'est, à n'en pas douter, le seul fait du hasard
Qui dicte cette fâcheuse quasi-absence
Dans les deux listes, et qui m'a rendu hagard
Et dubitatif du concours dans son essence

(SUITE...)

Quand un seul gagnant sur vingt est poète-gars
Ne peut-on douter de la muse masculine?
Laisserez-vous se perpétuer un tel dégât
Le frisottis devenir vague, puis maline?

Ces dégâts, ce sont dommages collatéraux
Causés par multiples raisons, bonnes et mauvaises
L'aède mâle, n'y voyant point de héros
Se dit : «*À quoi ça rime?*» et change de chaise!

Au tennis, pour justifier bourses inégales
On a dit femmes moins fortes, moins endurantes
Dans la fable, on les eut dites plus cigales
Que fourmis : moins payées, car beaucoup moins payantes!

Devrions-nous, comme les femmes au tennis
Revendiquer fort notre juste part des bourses
Pour qu'un poème qui montre un bout de pénis
Aie quelque chance dans chacune de ces courses?

Allons-nous, poètes-hommes, renier phallus?
Ou user du subterfuge d'ex-écrivaines :
Sous un pseudonyme, publier notre opus
Et ainsi, tenter de contrer notre déveine?

Ce n'était pas bon pour les femmes, autrefois
Elles ressentaient là comme une hérésie
À notre tour, aînés-poètes, cette fois :
Clamons l'équité en matière de poésie!

* 2015 et 2016 n'ont pas été meilleures pour les aînés de sexe masculin

Alexandrin (Septembre 2016)

Est-ce vraiment pur hasard si le mot poème
Est plénitude avec ces simples mots : je t'aime?

Je parle une langue belle (Septembre 2016)

Je parle langue de France soufflée par vents
Vers le Nouveau-Monde, ses côtes et ses bancs
Avec parlures nouvelles, autres accents
Avec mots inventés pour dire nouveau temps
Je parle une langue belle comme le pays
Une langue de terres, d'eaux et de forêts
C'est le parler maternel, legs tout fait exprès
Pour fortifier mon cœur, assurer ma survie
Pour chanter mes amours, mon labeur et ma vie!

Oui, je parle langue forgée par vents changeants
Douce comme brise, forte comme ouragan
Vents légers, caressants, dociles et servants
Puis vents à marées, durs, traîtres et arrogants
Ici, moulant grain du meunier, séchant blés d'or
Gonflant la voile, poussant la nef à bon port
Là, brisant, néantisant tout sur leur passage
Que prières peinent à en calmer la rage
Ah! Qu'on ne s'avise pas de la mettre en cage!

Je parle langue ballotée par basses vagues
Secouée, trahie, condamnée, mais toujours vivante!
Transmise comme l'est la plus précieuse bague
De la première génération aux suivantes
Je parle langue belle comme son drapeau
Croix blanche sur fond bleu-roi et ses fleurs-de-lyse
Ondulant hardiment sur terres et sur eaux
Flottant, libre, sur siennes landes indivises
Clamant haut et fort : *Je me souviens!* Sa devise!

L'AMOUR

Je t'aimais déjà! (Avril 2013)
Ma toute première chanson d'amour!

C'est toi que je voulais
C'est toi que je désirais
Et te voilà devant moi
Au café Caloca
Je t'aimais déjà!

Tous les soirs, on se voyait
Tous les soirs, on écoutait
À la radio, les troubadours
Qui chantaient nos amours
Je t'aimais déjà!

Trop vite, je te bousculais
Et toi… tu hésitais
Chacun rentra chez soi
Est-ce qu'on se reverra
Qui vivra verra…

Un instant, j'ai cru te perdre
Le temps s'est arrêté
Caloca, cinéma
Métaxa, aréna…
Qu'est-ce qui ne va pas?

J'ai passé une nuit blanche
À tenter de trouver
Les mots que tu voulais entendre
«*Fais-moi confiance!*»
Reviens-moi!

(SUITE…)

C'est toi que je voulais
C'est toi que je désirais
Te revoilà devant moi
Au restaurant La Casa
Je t'aimais déjà !

Te revoilà dans mes bras
Je te le redis chaque fois
Je t'aimais déjà
Je t'aime !

Belle-de-jour, Belle-de-nuit (Avril 2013)

J'ai deux fleurs dans mon jardin
C'est moi l'heureux jardinier
Fleur du soir, fleur du matin
Les deux sont ma préférée
Car ces fleurs ne sont qu'une
Fleur de soleil et fleur de lune
Ces deux fleurs… c'est toi !

Quand le soleil dit bonjour
Qu'il nous fait ses mamours
Comme tu sens bon l'amour
Tu es ma Belle-de-jour
Quand la journée s'enfuit
Que la lune entreluit
Un autre arôme te suit
Tu es ma Belle-de-nuit

Tu fleuris au soleil, tu fleuris à la lune
Tu es belle au réveil, tu es belle à la brune
Radieuse le jour et passionnée la nuit
Belle-de-jour, Belle-de-nuit
Mes deux fleurs, mon amour
Je t'aimerai toujours !

Cette chanson d'amour (Juin 2014)

J'ai fait cette chanson d'amour
Pour qu'on se rappelle de nous
Elle vaut bien un long discours
Ou une prière à genoux

Ma chanson tient à quelques mots
Semés le long de notre vie
Ils en ont apaisé les maux
Qui ont surgi sans préavis

Ma chanson dit de simples choses
Des mots, des gestes au quotidien
Blessures d'épines de roses
À leur parfum, guérissent bien

Et ces mots jamais démodés
Que se confient les amoureux
Ne se sont jamais érodés
Malgré nos temps gris et pluvieux

Les voici donc ces mots si doux
Que je t'ai chantés si souvent
« Je t'aime, te quiero, I love you! »
Inconditionnellement!

Que ceux qui n'ont jamais aimé
Puissent y trouver l'inspiration
Et le fol espoir d'enflammer
L'inimaginable passion

Que ceux qui n'y croient plus du tout
En fredonne au moins le refrain
Peut-être reprendront-ils le goût
De vivre jusqu'au lendemain…

Imagine un instant (Novembre 2013)

Imagine un instant un ruisseau
Qui se croit Saint-Laurent
Imagine un instant une goutte d'eau
Qui se croit l'océan

Imagine un instant un bout de bois
Soulevant un gratte-ciel
Imagine un instant un ver à soie
Tissant un arc-en-ciel

Imagine un instant un petit oiseau
Se voit paon le plus beau
Imagine un instant un sentier
Autoroute en chantier

Imagine un instant un grain de sable
Gros comme une planète
Imagine un instant un brin de câble
Guidant une comète

Imagine un instant l'amour que j'ai pour toi
Il veut être le plus beau, le plus grand, le plus fort
Quand il se trouve seul, il pleure sur son sort
Mais quand il te voit, mais quand il te voit
Si petit qu'il soit... Il rêve de toi

Imagine un instant une fenêtre
Ouvrant sur l'univers
Imagine un instant un tout petit être
Qui n'a pas de frontière

(SUITE…)

Imagine un instant un printemps
Que des fleurs dans les champs!
Imagine un instant un bel été
Rêvant d'éternité...

Un roseau peut se croire un chêne
Une cloche, un carillon
La nymphe libre de ses chaînes
Devient, elle, un papillon
Si la fourmi lève une tonne
Et rapporte tout à sa reine
Cet air que je te chantonne
Comme il en aura valu la peine!

Imagine un instant l'amour que j'ai pour toi
Il veut être le plus beau, le plus grand, le plus fort
Quand il se trouve seul, il pleure sur son sort
Mais quand il te voit, mais quand il te voit
Si petit qu'il soit ... Il rêve de toi...
Je rêve de toi!

Je rêve aux étoiles (Septembre 2016)

Cette nuit, je rêve aux étoiles
Scrutant l'espace qui se voile
Dans mon vaisseau battant de l'aile
Mon cœur ardent bat pour ma belle
À plus de dix années-lumière
Où cent mille étoiles constellent
Malgré les tempêtes stellaires
Je me sens un peu plus près d'elle!

(SUITE...)

Poussières dansent nébuleuses
Valsent Pollux et Bételgeuse
Comment, au travers de ce voile
Te reconnaître, mon étoile
À genoux, j'implore les dieux :
«Chassez les larmes de mes yeux!»
Que je retrouve le chemin
Sentir la douceur de ta main!

L'espace-temps où tu te caches
Est fait de rocs qui se détachent
Formant cheveux d'une comète
Que j'aperçois de ma navette
Tes yeux sont comme des trous noirs
Où j'imploserais tous les soirs
Je veux être ton satellite
Ta fidèle météorite

Cette nuit, je rêve aux étoiles
Scrutant l'espace qui se voile
Dans mon vaisseau battant de l'aile
J'ai le cœur qui bat pour ma belle
Sur mon radar qui me les montre
Toi seule vins à ma rencontre
J'ai vaincu l'espace et le temps
Pour toi, étoile que j'aime tant!

Des ailes pour elle (Avril 2013)

Tout en haut, la vue est superbe
Cet endroit, c'est le paradis
Je l'attends, là, couché sur l'herbe
Et chaque jour, je le redis :

Quand je grimpe, il me pousse des ailes
Si je peux monter si haut, c'est pour elle!

Notre roman d'amour (Avril 2013)

Lui

Quand tu me vois chanter
Ce beau refrain d'amour
Je peux regarder autour
Tu sais qu'il t'est destiné
Quand je chante à une femme
Ces mots si doux «*je t'aime*»
Tu le sais en toi-même
Tu es ma seule flamme

Elle

Quand tu me vois chanter
Ce beau refrain d'amour
Je peux regarder autour
Tu sais qu'il t'est destiné
Quand je chante à un homme
Ces mots si doux «*je t'aime*»
Tu sais que dans mon poème
C'est toi que je nomme

Elle et lui

Nos deux voix font l'amour sur la scène
Nos yeux se regardent à l'unisson
Amour et passion sont roi et reine
Dans notre vie, dans notre chanson

Nous avons la chance d'être ensemble
Hier, aujourd'hui, et pour toujours
Les yeux dans les yeux, comme il nous semble
Que la vie est un roman d'amour
Notre vie est un roman d'amour!

La plus belle est celle qu'on aime (Avril 2015)

Nos yeux ne voient que belles choses
Car on ne sent plus les épines   Elle a cheveux comme des vagues
Elle les a enlevées des roses   Dans lesquelles on plonge la main
En les touchant de sa main fine   Cachant dans l'autre une bague
                                         Qu'on lui offrira dès demain

Oreilles n'ouissent que musique
De sa bouche de troubadour   Elle a joues couleur de pétales
On croirait un vent de tropiques   Elle rougit en ce moment
Quand il en sort des mots d'amour   Belle à en perdre les pédales
                                         On croirait presque au firmament

Ses yeux sont comme braises chaudes
Son regard transperce le cœur   Comme elle a belle silhouette
Et quand sa main sur lui maraude   Elle se meut comme déesse
Le chat ronronne de bonheur ↨   Donne tout ce que l'on souhaite :
                                         Vivre l'éternelle jeunesse

         La plus belle est celle qu'on aime
       Oui, la plus belle est celle qu'on aime
          Plus que le plus beau diadème
          Plus que le plus joli poème

           On se ment un peu à soi-même
           Quand on vit un amour suprême
       Mais on n'en démord pas quand même
           La plus belle est celle qu'on aime

           On se ment un peu à soi-même
           Quand on vit un amour suprême
       Moi, je n'en démords pas quand même
           La plus belle est celle que j'aime!

Papillon (Avril 2016)

On dit du papillon qu'il est volage
Parce qu'il butine de fleur en fleur
Incapable de se fixer vraiment ;
Moi, je suis d'une variété plus sage :
Depuis que j'ai trouvé mon âme sœur
Je suis collé à son cœur tout le temps !

Creo que la quiero (Abril 2013)
Una canción de amor para mi amor

Creo que la quiero, que la quiero
Creo que ella quiere me también
Creo ¡oh sí! creo que la quiero
Cuando la veo me siento tan bien

Ella es como la más bella flor
Soy hechizando por su olor
Mis ojos llenos de su color
No la ven que como mi amor

Una estrella del cielo nocturno
Una guía a lo largo de mi camino
De todos los soles el más brilloso
De que cada rayo es un brazo

Creo que la quiero, que la quiero
Creo que ella quiere me también
Creo ¡oh sí! creo que la quiero
No creo – ¡estoy seguro más bien!

Amour tropical (Septembre 2014)

Ah! Je me sentais si bien dans tes bras
Que je m'imaginais dans de beaux draps
Notre lit serait la plus longue plage
Notre vie, le plus fascinant voyage

Oui! Je rêvais d'un amour tropical
Entremêlant rythmique et musical
Et je me faisais tout un scénario :
Toi et moi, sur les chaudes plages de Rio

Je voyais bien nos deux corps enlacés
Et nos lignes de vies toute tracées
Elles nous mèneraient droit vers le Sud
Très, très loin de ces hivers trop rudes

Toi, ma Juliette et moi, ton Roméo
Nous serions maîtres de la météo
Où nous irions, il ferait chaud soleil
Que ce soit Cancun, Madrid ou Marseille

Oui, notre vie serait douce croisière
Comme imaginée par une romancière
Et si notre vie faisait des jaloux
Eh! Bien! Qu'ils fassent comme nous!

L'oreille collée sur un coquillage
Ramassé dans le sable de la plage
Nous ressentirions comme un grand frisson
Étonnés d'entendre notre chanson

(SUITE…)

Nous n'aurions pas besoin de mojito
Pour vivre heureux sur notre grand bateau
Ivres d'amour, on nous croirait fadas
Sans rhum blanc et sans piña colada

Et même si nous devions revenir
Rien ne pourrait rayer nos souvenirs
La neige se muerait en sable blanc
Et le vent, en chaud sirocco troublant

Notre voyage à deux – Veux-tu l'essayer?
Une vie d'amoureux – À l'ombre des palmiers
Que des jours heureux – Bercés par la mer
Notre voyage à deux - Rêve ou chimère?

Notre voyage à deux – Moi, j'y crois!
Vivre sous un ciel bleu – Pourquoi pas?
Chauffés par un soleil de feu – Toi et moi
Unis pour toujours
Dans ce long voyage d'amour…

L'étoile bleue (Novembre 2015)

Ô! Belle étoile bleue
Nous voilà et t'enfuis
À bord, rien que nous deux
Sous les doux ciels de nuit

Sur notre étoile bleue
Où se fait notre nid
Naissent le merveilleux
Et la beauté infinie

Blottis sur cette étoile
Bien sûr la plus jolie
L'amour nous y dévoile
Tout un monde qui luit

Sous le ciel constellé
Recouvrant notre amour
Jurons-nous aux levers
Un bonheur, chaque jour

VIVRE – SOUFF/RIRE – MOURIR

Vivre! (Avril 2013)

Pleurer ce qu'il y a eu avant
Marcher toujours la tête en bas
Craindre ce qui s'en vient devant
Qu'on te coupe les vivres
Et à chacun de tes pas
Avoir peur du trépas
On n'appelle pas ça vivre...

Faire pour ne plaire qu'aux autres
Et ne pas réaliser tes rêves
N'écouter que les mauvais apôtres
Qui prônent dans leurs livres
Que depuis Adam et Ève
On naît, on marche, on crève
On n'appelle pas ça vivre...

Vivre, c'est ne pas avoir peur
De demain, ni même de la mort
Vivre, c'est écouter ton cœur
Comme un modèle à suivre
Qui te mène à bon port
C'est aimer tout si fort
Voilà ce que c'est vivre!

Vivre, c'est aller jusqu'au bout
Vivre, c'est faire ce qui te plaît
Vivre, tout comme un risque-tout
Que les passions enivrent
C'est bien pour ça qu'on naît
C'est bien pour ça qu'on est
Voilà ce que c'est vivre!
Vivre!

Je te tendrai les bras (Avril 2013)

Je te tendrai les bras avec amour, avec tendresse
Je te tendrai les bras, une parole, une caresse
Si ça ne suffit pas, si ça ne suffit pas…

Je te prendrai dans mes bras, tête posée sur mon épaule
Je te prendrai dans mes bras, pour pleurer comme un saule
Si ça ne suffit pas, si ça ne suffit pas…

Tu iras vivre ailleurs où tu trouveras l'amour
La joie, et puis les pleurs car rien ne dure toujours
Mais si tu n'en peux plus, si tu n'en peux plus…

Tu reviendras chez moi me conter tes déboires
Tu reviendras chez moi, il y aura quelque chose à boire
Oui, tu viendras chez moi, je serai là pour toi
Tu viendras chez moi, pour te reposer
Et tout oublier…

Tu reviendras chez moi quand tes amours seront mortes
Tu reviendras chez moi, je serai devant ma porte
Je te tendrai les bras pour la ixième fois

Je te tendrai les bras avec amour, avec tendresse
Je te tendrai les bras, une parole, une caresse
Mais je sais, cela ne suffira pas
Car, demain encore, tu t'en iras

Après si tu t'en vas, je te regarderai partir
Après si tu t'en vas, à mon tour de souffrir
Mais ça ne paraitra pas
Non, ça ne paraitra pas!

Tes yeux (Mai 2014)

Dans la cour arrière
Sous un soleil d'été
Te voilà prisonnière
Assise et amputée
Tu revois l'accident
Qui t'a pris ta vie
Et fait un trou béant
Sans raison, sans avis

Mais tu vois ton enfant
Qui joue autour de toi
Tes grands yeux survivants
Regardent avec émoi
Quelquefois son regard
Vient plonger dans tes yeux
Il vaut plus d'un milliard
Cet instant délicieux

Tes yeux sont des bras qui pressent
Des mains qui caressent
Des lèvres qui embrassent
Des pieds qui laissent leurs traces
Tes yeux sont des jambes qui courent
Vers le fond de la cour
Chercher la balle égarée
Pour ton enfant éploré

Dans la cour arrière
Sous un soleil d'été
Toujours prisonnière
Pensive et agitée

(SUITE…)

Tu revois l'accident
Qui t'a pris ta vie
T'a volé ton amant
Et toutes tes envies

Mais tu vois ton enfant
S'amusant tout autour
Tes yeux encore vivants
Sont tout remplis d'amour
Tu le vois s'approcher
Sans rien te reprocher
Pour lui, de toute manière
Tu es toujours sa mère

Tes yeux sont un grand cœur aimant
Rivé à ton enfant
Il est ta raison de vivre
Ton ultime étoile à suivre
Tes yeux n'ont plus qu'une ambition
Une unique passion :
Contempler chaque jour
Ce spectacle d'amour

Tu le verras grandir
C'est là tout ton bonheur
Tes yeux sont ton sourire
L'âme de ta douceur
Il est ce qu'il te reste
De plus merveilleux
Et de l'instant funeste
Rien qu'un merci à Dieu :
Il t'a laissé tes yeux!

Je meurs ma vie (Mars 2015)

Je meurs ma vie depuis le jour où tu m'as dit «*Je m'en vais*»
Quel jour mauvais!
Je meurs ma vie depuis le jour où mon amour s'en est allé
S'est envolé, inconsolé

Je meurs ma vie tout comme une feuille d'automne tombée par terre
Craignant l'hiver qui s'en vient
Je meurs ma vie très loin de l'arbre qui me berçait dans ses bras
Si loin de toi, je ne suis rien

Je meurs ma vie, je ne ressens plus qu'un insidieux mal à l'âme
Douleur infâme, qui me condamne
Je meurs ma vie; s'est éteinte en moi, pour toujours, la faible flamme
De l'amour et de la vie

Je meurs ma vie à ressasser mes quelques souvenirs heureux
À me faire accroire doux rêves creux
Je meurs ma vie à trop rêver de ta main blanche qui m'est tendue
Inattendue, bien entendu

Je meurs ma vie, un peu plus à chaque seconde
Dans la pluie de pleurs qui m'inonde
Grouille en moi une bête immonde
Se vautrant dans ma plaie profonde
L'empêchant de se refermer

Oui, je meurs ma vie
Reviens-moi, voilà le printemps
Renaît ô! Espoir, c'est le temps
Je ne vis que pour cet instant
Depuis trop longtemps, je t'attends
Moi, qui t'aime tant…
Et qui meurs sa vie…pour toi!

Sur mon bateau (Octobre 2014)

Je suis sur mon bateau
Comme si c'était ma vie
Voguant vers un château
Qui me fait grand-envie
Au loin, sa haute tour
Est mon seul point de mire
Des oiseaux tout autour
Et fille tout sourire
L'Éden à l'horizon
Une vie sans orages
L'amour toutes saisons
Au terme du voyage ↗

Vogue, vogue mon navire
Je suis maître céans
Non, jamais ne chavire
«Dauphin des océans»
Affronte les tempêtes
Et défie les vents forts
Ne baisse pas la tête
Et redouble d'efforts
Il n'est plus loin le port!

Un brouillard s'est levé
C'est là toute l'histoire
Il m'a fait dériver
Sur route aléatoire
Monté à la vigie
Pleurant mon triste sort
Je vois les mots *«ci-gît»*
Et sirène de mort
Au fond d'une nuit sombre
J'ai frappé un rocher
Mon navire en décombres
Mon rêve effiloché… ↗

Pleure, pleure mon navire
Hurle mots malséants
Et toi, mon cœur, chavire
Qui te croyais géant
Qui te vantais de pouvoir
Vaincre vents du nord
D'un seul coup de mâchoire
La Bête te montre tes torts
En te refusant le port!

Il était là pourtant
Au bout de ma lunette
Rêve d'un jeune temps
L'ombre en était si nette
Il ne me reste plus
Que souvenirs marins

Quelques jours qui m'ont plu
Bien d'autres de chagrin
Tous les jours, à toute heure
Une lumière luit
Vienne que le marin meure
Son beau rêve avec lui!

Moi, je te croyais! (Avril 2013)

Totalement incompréhensible le mystère d'une mère qui, après avoir donné la vie à son enfant, l'emporte avec elle dans la mort ; j'ai essayé de donner le point de vue d'un enfant trop jeune pour ressentir autre chose que l'amour qu'ils ont l'un pour l'autre.

Moi, je te croyais quand tu disais : «*Je t'aime, je t'aime!*»
Tu me disais aussi : «*Je t'aime plus que tout au monde!*»
Et quand tu me disais : «*Tu es mon grand bonheur suprême!*»
Jamais je n'ai douté de ton amour une seule seconde...
Moi, je te croyais!

Moi, je te croyais quand tu disais : «*Tu grandiras!*»
Tu me disais aussi : «*Tu deviendras grande personne!*»
Pourtant, j'étais si bien quand tu me prenais dans tes bras
Alors moi, je pensais tout bas : «*Vieillir, qu'est-ce que ça donne?*»

Je t'aime je t'aime
Toi tu es mon seul amour aussi
Je suis petit mais mon cœur est si grand
Que tu y es même quand je suis parti
Je t'aime, je t'aime

Et je t'aimerai toute ma vie
Car même si on se voit moins qu'avant
Quand tu es là, vois comme je ris
Et je te crie «*Maman... Je t'aime, je t'aime!*»

Moi, je te croyais quand tu disais : «*Mon cher trésor!*»
Avec toi, je croyais être à l'abri des vents de tempête
Oui, j'étais si bien sur ton bateau, si fragile et si fort
Tu étais pour moi le Titanic des jours de fête...
Moi, je te croyais!

(SUITE...)

Moi, je te croyais quand tu disais : *«Oui, tu vivras!»*
Blotti dans l'innocence, je te croyais sans effort
Puis un jour, ont sombré ta vie et tous ses tracas
Tu m'as pris par la main : *«Les femmes et les enfants d'abord!»*

Je t'aime, je t'aime
Oui, tu es toujours mon grand amour
Il est même encore plus grand qu'avant
Et je veux te consoler à mon tour
Je t'aime, je t'aime

Je t'aimerai même dans l'au-delà
Comme je t'aimais de mon vivant
Et quand je sentirai que tu es là
Je te crierai «Maman! Maman! Je t'aime, je t'aime!»

Car quand tu disais : *«Je t'aime, je t'aime!»*...
Moi, je te croyais!

Mirage (Septembre 2016)

Le vent caresse mon visage
Je peux sentir sa chaleur
Je peux sentir sa douceur
Je peux sentir la bonté
Je peux sentir la beauté
Yeux fermés, comme le monde est beau!
Le vent caresse mon visage
Je peux sentir sa chaleur
Je peux sentir sa douceur
Dans une douce torpeur
Il me fait croire au bonheur!

Je te tiens la main (Mars 2014)

Statistique : une Québécoise sur neuf souffre ou souffrira du cancer du sein.

Aujourd'hui, je te tiens la main
Je suis ton dieu, toi ma déesse
On dit : on s'aimera demain
Mais pourra-t-on tenir promesse?

Tant de «demain», tant de toujours
Mille instants de milliers de jours
C'est quelque chose toute une vie
Moi, je te promets ce qui suit :

Que tout au long du long chemin
Je te tiendrai toujours la main

Aujourd'hui, je te tiens la main
Réunis au pied de l'autel
Nos yeux se déclarent leur faim
Nos cœurs, leurs amours éternels

Que cesse la lente agonie
La trop longue cérémonie!
Ah! Coule donc fleuve du Tendre!
Aurons-nous la force d'attendre?

Quand je te mets l'anneau enfin
Oui, je te tiens très fort la main

Aujourd'hui, je te tiens la main
Dans cette épreuve de la vie
Tu souffres mais si peu te plains
D'une douleur inassouvie

(SUITE…)

Un cancer ronge ta poitrine
Berceau de ses vues assassines
Notre amour aura-t-il raison
De cet horrible poison?

À ton réveil, tu verras bien
Que je te tiens encor la main

Je vois bien que tenir ta main
T'aide à soulager ton chagrin
Et à te donner le courage
De vivre une à une tes pages

Après les coups de bistouri
Je te revois et tu souris
Aussi long sera ce chemin
Je te tiendrai toujours la main

Aujourd'hui, je te tiens la main
Au crépuscule de ce jour
Qui t'a vue t'en aller au loin
Où sont nos «demain», nos toujours?

Que sont nos serments devenus?
Que néant? Que déconvenues?
Ah! Survivrai-je à ma peine?
Ta mort pour moi fut si soudaine

Moi, dans ton autre vie sans fin
Je te tiendrai toujours la main!

Tu vis dans l'autre vie sans fin
Vois, je te tiens toujours la main!

MOI
Je me sentais si seul (Avril 2014)

Je me sentais si seul
Au milieu de la foule
Tout me faisait la gueule
Tout me rendait maboul
La musique elle-même
Même celle que j'aimais
Elle se faisait blasphème
Proféré à jamais
Dans ce décor disco
De bruits mis bout à bout
J'y entendais l'écho
Des bombes dans la boue
Et eux dansaient, heureux
Malgré la faim, la guerre
Je me sentais loin d'eux
Isolé sur ma Terre

Je me sentais si seul
Comme pris dans un piège
Coincé dans un linceul
D'un funèbre manège
Imaginé par d'autres
Un monde de vauriens
De fous, de faux apôtres
Se riant de la vie

Je me sentais si seul
Rêvassant dans mon coin
L'air triste de l'épagneul
Comme un chien mal en point
Qui ne peut trouver d'os
Que dans un ossuaire
Qui va laper son eau
Dans un trou nucléaire
Incapable de mordre
Cette main entêtée
Se plaisant à distordre
Mes hivers, mes étés
Mon mal me faisait voir
L'inanité du monde
Il broyait tout le noir
Pour que je me morfonde

Polluant tout autour
Se moquant des avis
Des points de non-retour
Des fabricants d'horreurs
D'armes qui font frémir
Semant la froide peur
Ne se souciant de rien
M'empêchant de dormir

(SUITE…)

Je me sentais si seul
Dans cette vie à vivre
Qui n'était que casse-gueule
Où mieux valait être ivre
Pour passer au travers
Pour faire semblant de croire
Que les champs étaient verts
Et l'homme méritoire
J'ai fait le somnambule
Tous les jours de ma vie
Tombé le funambule
Du haut de ses envies
Sombrées les ambitions
Dans la mer des besoins
Toutes mes inactions
En furent les témoins

Je me sentais si seul
Avec ce mal de vivre
Qu'aujourd'hui, c'est l'aïeul
Étonné de survivre
Qui porte en lui un cri
Courage et liberté!
Qu'il a si peu compris
Qui revient le hanter
Refoulé dans son cœur
Git ce précieux bijou
Qui orne les vainqueurs
Et ceux qu'on met en joue
Pour lui, l'heure est venue
De faire l'inventaire
De braver l'inconnu
D'arrêter de se taire

Sentant venir sa fin
Avec espoir, il tend
Son fabuleux écrin
À ses petits-enfants
Pour quand viendra leur temps...

Pas d'excuses! (Avril 2013)

Je n'ai pas d'excuses, il y a mille chemins
C'est moi qui décide quel sera mon destin
C'est mon pouce à moi, en haut ou en bas
Qui règle mon sort : le bonheur ou pas

Le reste du monde qu'il le veuille ou non
Verra sur la liste tout en haut mon nom
Je veux tout essayer et faire de mon mieux
Je veux être libre, et monter vers les cieux

(SUITE...)

Je n'ai pas d'excuses, car j'ai tout ce qu'il faut
Pour voir le bien, le mal, ce qui est vrai ou faux
Il n'y a plus personne qui peut me retenir
Je vais tête baissée droit dans mon avenir

Je suis explorateur du pôle positif
Mon envie de vivre est comme un explosif
Je peux tout réussir, je suis si déterminé
Attention tout autour, je suis contaminé

Avis aux pessimistes, donneurs de mauvais sorts
Je ne vous laisse plus réfréner mon essor
Je vais là où je veux, je fais ce que je veux
Je suis seul à savoir ce qui me rend heureux

Je n'accepte plus qu'on me dise du mal
Je suis original, oui, mais tout à fait normal
Je vais sur mon chemin, le regard droit devant
Je n'ai peur de rien ni des bruits ni du vent

Car la vie, la vie est un cadeau du ciel
Qui s'épuise trop vite, tout comme un pot de miel
Le miel est si bon tout au long du parcours
Qu'au fil d'arrivée, on en veut toujours

Oui, la vie, la vie est un cadeau du ciel
En abuser un peu n'est qu'un péché véniel
Dans ma vie, ma vie, oui je ris, je m'amuse
Et pour ça, pour ça, n'attendez pas d'excuses!

Dans ma vie... (Octobre 2016)

Très, très tôt dans ma vie apparut une cloche
Le son d'icelle me faisait marcher au pas
Et me disait quoi faire et quoi dire, ou pas
Maintenant, je sais : dans ma vie, quelque chose clochait!

Une montagne sur mon chemin (Mai 2014)

Une montagne sur mon chemin
Hautaine tout autant que haute
Dit : «*Hier, aujourd'hui, demain*
Je suis là, ce n'est pas ma faute!»
Elle me regardait de haut
Moi si petit, elle si grande :
«*Tu peux bien faire tout ce qu'il faut*
Tu retomberas sur ta lande!»

Ça prendra bien l'éternité
Pour planter mon drapeau au faîte
Je vous le dis sans vanité
Ce jour-là sera jour de fête
Je fais donc un tout premier pas
Certain de mon agilité
Le tout premier rocher du bas
Me montre ma fragilité.

Je dois encor recommencer
Dix fois, vingt fois, cent mille fois!
Rechercher de nouveaux tracés
Pour ne pas errer dans les bois
Pour ne pas heurter mes genoux
Pour ne pas m'arracher les doigts
Mes pieds saignent, mon cœur se noue
Va, jeune homme, fais ce que dois!

Je me suis fait une compagne
Qui me redonne grand espoir
Je dis : «*Prends garde, la montagne*
Je serai tout en haut, ce soir!»
L'amour soulève, c'est connu
Des grands pas, j'en ai fait ce temps
Cœur et corps, si bien soutenus
Je montais mon mont en chantant! ↱

Chemin faisant, j'ai tout perdu
Perdu la trace de tous les miens
Pour peu, j'aurais redescendu
J'en avais perdu mes moyens
Pic levé comme un doigt d'honneur
Le mont me lançait un défi
J'entendais le vent ricaneur :
«*Prends ça avec philosophie!*»

Facile à dire, mais pas à faire
J'ai ralenti, mon pas est lourd
Mon envie de croiser le fer
A comme été prise de court
Mais quand j'ai relevé les yeux
Que j'ai vu la cime si près
J'ai oublié les jours pluvieux
Voilà, montagne, je suis prêt!

J'ai bien grandi sur ma montagne
J'ai bien appris le prix des choses
Tous mes châteaux étaient d'Espagne
Ils ont duré comme la rose
Cette montagne mal-élevée
Est cause de tous mes problèmes
Elle n'a fait que m'éprouver
M'a enlevé tous ceux que j'aime

Car je la croyais mon amie
Quand j'étais un tout jeune enfant
Telle «*la cigale et la fourmi*»
L'innocence mal me défend
Aujourd'hui, mes cheveux blanchis
Ont vu la neige sur le mont
Mon corps au dos un peu fléchi
Se dit : j'ai vaincu ce démon!

(SUITE…)

Mais qu'ai-je réussi au juste?   C'est bien aujourd'hui que prend fin
Je suis en haut, mais suis à bout   Mon escalade difficile
La montagne est toujours robuste   Finies mes peines et mes faims
Moi, j'ai peine à tenir debout!   Tout ça m'a rendu plus docile
Elle se dressait devant moi   Sur l'écriteau que je peux voir
Que ne l'ai-je pas contournée?   Planté comme un ultime avis
Ah! Vain retour sur mes émois   Je lis ce qu'il me faut savoir :
Qui ont jalonné ma journée!   «*Cette montagne, c'était ma vie!*»

Qu'as-tu fait de ta vie? (Septembre 2016)

Dis-moi, qu'as-tu fait de ta vie?   As-tu été méchant, gentil?
As-tu aimé, as-tu haï?   As-tu snobé ou accueilli?
As-tu donné ou as-tu pris?   As-tu dit merde ou dit merci?
As-tu déçu, as-tu surpris?   As-tu rêvé, as-tu agi?
As-tu pardonné ou sévi?   Qu'est-ce que la vie t'a appris?
As-tu blessé, as-tu guéri?   Faire le bien, le mal ou pis?
As-tu brisé, as-tu construit?   Dis-moi, lequel as-tu choisi?
As-tu affronté, as-tu fui?   As-tu pleuré et as-tu ri?
As-tu pris les devants, suivi?   Maintenant que tu as vieilli
As-tu dit vrai, as-tu menti?   Dis-moi, qu'as-tu fait de ta vie?

*Let it Be*atles! (Octobre 2016)

Les Beatles m'ont consolé plus d'un *Yesterday*
M'aidant quand je criais : *Help! I need somebody!*
Toujours, en moi, leurs *All you need is love* rôdent
Et m'accompagnent dans ma *Long and Winding Road*

Comme j'eusse été heureux de *To hold their hand*
Dans leur *Sergeant Peppers' Lonely Hearts Club Band*
Ou de voyager dans leur *Yellow Submarine*
De *Love me do* jusqu'à *The end*... Ah! *Imagine!*

FAMILLE

L'ancêtre acadien (Mai 2015)

Ô! Ancêtre Laurent
Parti de l'Angleterre
Tu es sorti du rang
Pour cultiver la terre
Ta vie de matelot
Tu la laissas derrière
Ne plus voguer sur l'eau
Et plus jamais la guerre!
Quand tu vis tout à l'heure
La charmante Marie
Ta nouvelle demeure
S'appela l'Acadie!

Et vous viviez heureux
Dans ce tout nouveau monde
Car, même les jours creux
Chaud soleil vous inonde
Enfants, petits-enfants
Ont fait votre fierté
Bénis, jours triomphants
Et jours de liberté!
Mais vous étiez coincés
Entre l'arbre et l'écorce
Dix mil[1] furent évincés
Et déportés de force! ↵

Le colonel Winslow
Le regard impassible :
«Je vous envoie sur l'eau;
Ah! Quel devoir pénible!»
Entassés sur navires
Plus frêles que des œufs :
«Ah! Qu'ils ne se déchirent
Ô! Vous, qui êtes aux cieux!»
Mais Dieu n'y pouvait rien
Il y avait trop à faire
Il reçut corps et biens
Tout au fond de la mer

Plusieurs se sont rendus
Delà les Carolines
En route, ont entendu :
«Qu'ils meurent de famine!»
Déportés de tous âges
Ne cessaient de rêver
Un jour, prenant courage
On les vit se lever
Ils marchèrent longtemps
Enhardis de prières
Avançaient en chantant
Les refrains de leurs pères

(SUITE…)

De retour au pays
Qui les avait vus naître
C'est l'étranger depuis
Qui y vivait en maître
Refusant la défaite
On les vit s'installer

Dans un creux, sur un faîte
L'histoire s'est *renvolée*[2]
On chantait chez les Angles
La mort de la rebelle :
Vis, libre de tes sangles
Acadie immortelle!

[1] Le nombre exact varie d'un auteur à l'autre; le chiffre que je propose, qui donne un ordre de grandeur de la catastrophe, n'est là que pour faire image et respecter la strophe.

[2] Se renvoler : Verbe pronominal inventé par moi; je n'aime pas le verbe intransitif «Revoler» suggéré par le Larousse pour «S'envoler de nouveau».

Ma chanson est une émotion (Avril 2013)

Pour Joseph et Lorraine, mes parents!

Ma chanson est une émotion
Que j'avais là au fond de moi
Je la vois au bout du crayon
Verser des larmes sur mes doigts

Oui, je revois encore mon père
Sur la tête, son vieux chapeau
Me dire, lui qui était sévère :
«Ce que tu as fait-là, c'est beau!»

Oui, je revois encore ma mère
Fleurant l'amour et la bonté
Dire que ce grand cœur d'hier
Tout à l'heure, va l'emporter!

Je revois mon père et ma mère
Qui valsaient là dans le salon
Laissant tous leurs soucis derrière
Heureux le temps d'une chanson

(SUITE…)

Je revois mon père et ma mère
Du moins, le temps d'une chanson
Oui, c'est une image éphémère
Ma chanson n'est qu'une émotion

Ma chanson est une émotion
Que j'avais là au fond de moi
Je la vois au bout du crayon
Verser des larmes sur mes doigts

Je me souviendrai de toi… Maman! (Mai 2014)

Je me souviendrai de toi
De tous les instants de joie
De tes mots recouverts de soie
Sévères et gentils tout à la fois
Pour ça, je me souviendrai de toi

Je me souviendrai de toi
De la meilleure nounou qui soit
Je m'amusais si fort chez toi
Chaque jour était un jour des rois
Pour ça, je me souviendrai de toi…
Maman!

Je me souviendrai de toi
Intarissable puits d'amour
Tu en abreuvais chaque jour
Tes huit enfants chacun à son tour
Pour ça, je me souviendrai de toi…

(SUITE…)

Je me souviendrai de toi
Tu étais bien seule parfois
Malgré nos cris de turbulence
Tu disputais avec indulgence
Pour ça, je me souviendrai de toi

Quand le cœur lourd de griefs
Les poings posés sur tes hanches
Tu priais Jésus, Marie, Joseph
Pour changer ce jour en dimanche
Pour adoucir le long sermon auquel nous avions droit

Quand j'aurai l'âme aux abois
Et quand mon cœur aura froid
Alors je ferai tout comme toi
Comme tu l'as fait tant de fois
Je compterai sur mes doigts : un, deux, trois...
Alors, je me souviendrai de toi...

Je me souviendrai de toi
De tes éclats de rire si beaux
De la magie du bout de tes doigts
Qui savait guérir tous les bobos
Pour ça, je me souviendrai de toi

Je me souviendrai de toi
Du jour où tu as fermé l'œil
Tu reposais dans le fauteuil
Où tu m'a bercé oh! Tant de fois
Pour tout ça, je me souviendrai de toi...

Maman!

Le blues du ch'min Hemming (Avril 2014)

Que'que part sur le ch'min Hemming
Y a trois p'tits bouts de rue en ligne
Une cour au centre comme un ring
Pleine de p'tits culs, de p'tits vikings
C'est là qu' les kids sont des kings
I' chantent le blues du ch'min Hemming

Y a des base-ballers qui swinguent
Dans' mite, la balle curviligne
Jean-Louis lance un fer qui ringue
Rachel en met deux, quelle guigne!
Des shérifs montrent leur insigne
Et avec leur faux browning
Tuent des bouteilles de Carling

Michel i' est toujours willing
À faire des sauts, des loopings
I' court, i' s'donne toute un swing
I' tombe mal… bedang, beding!
On entend son chant du cygne
I' «gémit» le blues du ch'min Hemming

I' mouille, on joue dans l'building
Lit Bob Morane contre Ming
R'garde la TV sans zapping
C'est déjà l'heure du bowling
C'est l' tour de François Lavigne
Qui lance une boule rectiligne
Oh non! i' a pilé s'a ligne!

Suit un film de kidnapping
C'est un James Bond d'Ian Fleming
Dans' cuisine, ça se graffigne

(SUITE…)

Robert, Pierre courent en runnings
Chut! Jos i' dort, i' est sa swing
On chuchote le blues du ch'min Hemming

Luc, i' est avec sa darling
Dans l' living, qui font du necking
Mais y a Lorraine ben maligne
Qui «call» ses enfants qui chignent
À soir, il n'y a pas de pouding
On rêve à du Burger King
Non! C't' encore d' la soupe à l'eau d'sink!

Y a l' téléphone qui fait dring
Mais comme on est trois s'a ligne
Faut watcher not' méméring
Des chums arrivent sans faire signe
Chez nous, pas d'mauvais timing
Pour chanter le blues du ch'min Hemming

Le pick-up joue les Rolling
Pis les Beatles chantent *Something*
Chantal a' danse, a trépigne
Dans la poussière du parking
Y a quelques danseurs de swing
Qui twistent sur un BB King
Non, ça sent pas l'Irish Spring

L' gang à Lucie s'balancigne
Y a là comme un grand meeting
Ça jase de mode, de shopping
Y a Pierre qui gratouille du Sting
Pis l' violon d' Jos fait zing-zing
I' zingue le blues du ch'min Hemming

L' sam'di soir, c't' un happening
Assis sur l' banc d' char à springs
Soirée du hockey «evening» (SUITE...)

C'est les Habs contre les Red Wings
Pierre Bouchard fait du boxing
C'est payant l' bodybuilding!
Mais y gagn'ra pas l' Lady Bing

Réjean Houle s'enfarge dans ` ligne
Dryden debout, toujours digne
Canadien gagne : quel feeling!
On cale not' dernier jus
Pour «blueser» le blues du ch'min Hemming

Que'que part sur le ch'min Hemming
Y a trois p'tits bouts de rue en ligne
Une cour au centre comme un ring
Vide de p'tits-culs, de p'tits vikings
Partis les kids, les pt'tits kings
Qui chantaient le blues du ch'min Hemming…

Notre cour et notre maison du 2120-2122 chemin Hemming à Drummondville, où je suis né et où j'ai été heureux avec mes parents, mes frères et mes sœurs, ont accueilli longtemps des dizaines de «p'tits culs» et «p'tits vikings», garçons et filles, voisins de près et voisins de loin, venus y vivre une partie de leur jeunesse et de leur adolescence. On y jouait beaucoup, à des jeux connus et, quelquefois, à d'autres qu'on inventait nous-mêmes. Adolescents, tous nos voisins et amis étaient bienvenus de rester à dîner ou à souper, maman ayant l'habitude des repas de «cafétéria» où la quantité primait sur la qualité; oui, mais personne ne s'est jamais plaint… Puis on fumait et on discutait tout en essayant bien sûr, dans nos échanges graves et drôles, de réinventer le monde. Notre cour était un lieu de rencontres quotidiennes : là, le temps passant, quelques-uns ont trouvé l'amour, mais tous et toutes y ont trouvé l'amitié, la joie de vivre, le plaisir et la gaieté… Une cour des petits bonheurs, quoi! Ah! Que de souvenirs heureux!

Ô musique! (Octobre 2016)

Une onde de musique coulait dans leurs veines
Créant du bonheur, même dans les jours de peine

Mes trois perles (Septembre 2016)

À mes trois filles bien-aimées...

Cette nuit vit un homme partir pour la pêche
Quand il ne vit que mer, il jeta son filet
Puis, patiemment attendit : *«Rien ne me dépêche»*
Se dit celui-ci; *«L'aube sera mon sifflet»*

Les heures passèrent et le jour vint à poindre
Son filet remonté, y vit faible butin
*«Ah! Difficile d'obtenir capture moindre
Oyez : que trois huitres! J'y voyais dur destin!»*

L'homme revint au rivage la tête basse
Cachant le mieux qu'il pouvait vive déception
On l'entendait de loin gémir : *«Hélas! Hélas!
Je n'y ai ni gain, ni matière à réception»*

Rester replié plus longuement sur lui-même
N'étant pas une option, l'homme se releva
Estima d'une autre manière son problème :
Il ouvrit ses trois huîtres sans plus de flafla

Grand bien lui fit : il s'y trouvait une surprise :
Il était parti homme, il revenait père
De trois filles : Émilie, Évelyne, Élyse!
Oui, les trois huîtres repêchées étaient perlières!

Ces trois joyaux d'une valeur inestimable
Pris à la mer : Ah! Qui l'aurais cru si aimable!
*«Elles sont si belle parure de ma vie
Que dieu Poséidon lui-même en meurt d'envie!»*

Je t'ai perdu mon frère (Décembre 2013)

Texte dédié à mon frère Michel, décédé le 4 novembre 2015, à 64 ans, victime de l'Alzheimer.

Je t'ai trouvé mon frère
Au milieu d'un corridor
Où tu berçais ta misère
Rêvant d'un meilleur sort
Pire est l'autre corridor
Où toi seul tu déambules
Où tu vis et où tu dors
Emprisonné dans ta bulle
Une bulle dont tu ne sortiras plus!

Je t'ai vu chercher tes mots
Dans les trous de ta pensée
Des phrases pleines de maux
À chercher dans ton passé
Seul dans ta demi-folie
Errant dans une pénombre
Et condamné par la vie
À n'être plus qu'une ombre
Une ombre qui s'allonge chaque jour…

Au seuil de tes soixante ans
On t'a mis dans un enclos
Et pour le reste des temps
Tu y vivras yeux mi-clos
Hélas, tu ne verras plus
Que ce qu'on te montrera
S'il fait soleil, s'il a plu
Ce n'est pas toi qui le diras
Ton monde est tout rempli de brouillard

(SUITE…)

Des journées toute pareilles
Remplies de peines et d'oublis
Un univers sans merveilles
Aux règles tout établies
Hélas, tu n'auras plus rien
Que ta seule solitude
Où est le mal? Où est le bien?
Où est le nord? Où est le sud?
Tu n'en a pas besoin pour aller où tu t'en vas...
Prisonnier de ta vie
Et prisonnier des autres
Ta pensée asservie
Tu n'es déjà plus des nôtres
Dans ton visage assombri
On ne voit plus de lumière
Voilà, j'ai bien compris :
Je t'ai perdu mon frère!
Adieu, Michel!

HOMMAGE POSTHUME. Michel est né le 10 mai 1951; un an et quatre mois plus tard je naissais, moi, son frère. À défaut d'avoir été jumeaux, Michel et moi, enfants et adolescents, avons partagé nos «braillages» de bébés, nos cris d'enfants, nos jeux, nos bébelles, nos couches, nos vêtements et, longtemps, le même lit! Ce que faisait Michel, je lui collais aux fesses pour faire pareil! On a fait du bicycle, on a joué à la «tague», à la canne fessée, au loup, à la balle molle, aux billes, aux «tires» (pneus) et aux fers; on s'est fait des arcs et des flèches avec lesquels on a joué aux cowboys et aux indiens, on a fait des cabanes dans les arbres, on a joué à Tarzan dans les arbres. L'hiver, on a glissé, patiné et joué au hockey. Quand il pleuvait, l'imagination ne nous faisait jamais défaut : on a joué aux dames, au toc, aux cartes, à toutes sortes de jeux de cartes, et à toutes sortes d'autres jeux de société dont quelques-uns étaient le produit de notre imagination. On a regardé la télé ensemble; on a lu les mêmes bandes dessinées et écouté la même musique. On a été à l'école ensemble, dont deux ans dans la même classe; on a été à la messe ensemble; on est entré dans les cadets de l'air ensemble; on a fait nos sorties d'ados ensemble, et tellement d'autres choses. Merci, Michel, pour tout ce que tu as fait pour moi, ton frérot «rocket pocket»; merci de m'avoir accepté dans tes jeux et dans tes sorties; merci d'avoir été là pour écouter, endurer et accepter toutes mes niaiseries, involontairement pas toujours gentilles, je le confesse. Merci, Michel, d'avoir été longtemps mon confident, mon mentor, mon modèle, mon complice et, surtout, merci d'avoir été mon ami! Adieu, Michel !   De ton frère chien de poche reconnaissant, Luc.

Gabrielle (Avril 2013)

Hommage à ma tante Gabrielle Granger (1922-2014), Sœur de la Charité (Sœur Grise), qui, de son vivant, a été très engagée dans son milieu; en 2012, elle fêtait ses 90 ans!

Gabrielle
Tant de qualités te constellent
L'amour, la foi et la bonté
Sont trois parmi la kyrielle
Qui te font femme de qualité
Dans le fin fond de tes prunelles
Où vit encore l'intensité
On y voit tout plein d'étincelles
L'âge ne t'a pas arrêtée

Gabrielle
On a bien vu que tu excelles
À faire le bien, à faire le mieux
Pour aider ceux, pour aider celles
Qui rêvent d'un monde plus heureux
On a construit une chapelle
Qui porte ton nom, qui porte ta vie
Une sorte de Compostelle
Pour ceux qui se cherchent un abri

Gabrielle
90 à ton échelle
Une vie donnée sans compter
Une vie d'actions fraternelles
Tout ça nous remplit de fierté
Tant de qualités te constellent
L'amour, la foi et la bonté
Sont trois parmi la kyrielle
Qui te font femme de qualité
Et qui te font simplement...
Une femme belle!

Tu es si petite Lilia (Janvier 2014)

Poème célébrant la naissance, le 8 décembre 2013, de ma petite-fille, aux racines ancrées dans le Québec et dans le Maroc.

Tu es si petite Lilia
Non, tu ne peux pas tout savoir
Le bien et le mal qu'il y a
Dans ce monde mi-blanc, mi-noir

Tu es si petite Lilia
Tu découvriras bien des choses :
Qu'il est bon le cactus opuntia
Qu'il y a des épines sur les roses

Tu es si petite Lilia
Non, tu ne peux pas tout connaître
Tout semble compliqué déjà
Pour toi qui viens juste de naître

Tu es si petite Lilia
Accorde-toi un peu de temps
Avec l'aide de Dieu et d'Allah
Il ne fera pas nuit bien longtemps

Fille de sapins, de palmiers
De désert de neige, de désert de sable
Fille d'oliviers, de pommiers
De chaud et de froid qui accablent

Petite fleur de lys,
Quand tu chercheras l'oasis
L'amour, la paix dans tes idées
Tu n'auras qu'à lever les yeux
Pour trouver là-haut dans les cieux
L'étoile verte pour te guider!

Petit Samy (Puis il y a toi...) (Août 2016)

Le 18 juin 2016, naissait mon petit-fils, lui aussi aux racines québécoise et marocaine; sa génération verra-t-telle l'aube d'un monde meilleur?
Au-delà des mots durs et sévères ...un chant d'espoir!

Un monde où l'on tue de sang-froid
Un monde du chacun pour soi
Où l'on rêve d'or et de soie
Car il y a l'homme, vice de roi

Il pille chacun des pays
Où il vit, qui lui fait envie
Car tout n'appartiendrait qu'à lui
Oui, ce monde irait beaucoup mieux si...
Puis il y a toi petit Samy...

Un monde qui crie et qui pleure
Un monde qui gronde à toute heure
Où tout va de plus en plus mal
Car il y a l'homme, cet animal

Un monde de peur, de soucis
Un monde où règne l'idiotie
Peut-être un jour, une éclaircie
Oui, ce monde irait beaucoup mieux si...
Puis il y a toi petit Samy...

Un monde rempli d'espérance
Un monde qui chante et qui danse
Tout finira peut-être bien
Car il y a l'homme, homo sapiens

Parfois il pense et réfléchit
Parfois il fait le bien aussi
Sans pouvoir ni hiérarchies
Oui, ce monde irait beaucoup mieux si...
Puis il y a toi petit Samy... (SUITE...)

Un monde où l'on peut être grand
Sans écraser les plus petits
Tous avec le même appétit
Personne n'est si différent

Un monde où tous sont réunis
Tous et toutes en toute harmonie
Qui en écrira le récit?
Oui, ce monde irait beaucoup mieux si...
Puis il y a toi petit Samy!

Petit Jackson (Septembre 2016)

Poème célébrant la naissance, le 2 février 2016, de Jackson, mon petit-fils par alliance.

Petit Jackson
Entends-tu la cloche qui sonne
De ta vie, c'est ton départ!
Te voilà sorti du brouillard
Vis ta vie comme personne
Prends tout ce qu'elle te donne
L'amour, la gloire et le fun
Comme une coupe, un trophée
Comme si tu avais triomphé
Prends-la au bout de tes bras
Personne ne t'en voudra
Ni de tes cris, ni de tes hourras
Oui, vraiment, tu en as le droit!

(SUITE...)

Petit Jackson
Autour le monde déraisonne
Tu n'as pas à t'en faire
Ni du ciel, ni de l'enfer
C'est la vie qui bourdonne
Tu verras que quand tu donnes
C'est la vie qui redonne
Alors pourquoi t'inquiéter
Des nuits d'hiver et d'été?
Il n'y a pas d'âge ingrat
Mais plus de rires que tracas
Choisis, prends, ouvre les bras
Oui, vraiment, tu en as le droit!

Petit Jackson
Ne crois pas que tu ambitionnes
Tu as droit à ta juste part
Tu as droit au miel, au nectar
Oui, comme toute autre personne
Prends ce que la vie te donne
L'amour, la gloire et le fun
Comme une coupe, un trophée
Comme si tu avais triomphé
Marche ta vie pas à pas...
Seras-tu heureux petit gars?
C'est toi seul qui décideras
Oui, vraiment, tu en as le droit!

Petit Jackson
Entends-tu la cloche qui sonne
De ta vie, c'est ton départ
Te voilà sorti du brouillard...

LE MONDE : (UN) PEU D'ESPOIR?

Ça, je le sais! (Juillet 2013)

Je vois le monde autour de moi qui s'écroule
Qui se hait, qui se bat, et qui se saoule
Je vois le monde sur la Terre qui perd la boule
Oui, mais pourquoi?

Je vois la soif, la faim, la misère et la peur
Dans le regard hagard de mes frères, de mes sœurs
Et j'entends des millions de nos enfants qui pleurent
Oui, mais pourquoi? *Ça, je ne sais pas!*

J'entends le bruit du fer, des guerres et de la mort
Et j'entends le boucan des grands et des plus forts
Je vois les tout petits résignés à leur sort
Oui, mais pourquoi?

Je sens très bien la forte odeur du désespoir
Plus aucun beau matin qui soit qui suit le soir
Le mal et le malheur se nourrissent de noir
Oui, mais pourquoi? *Ça, je ne sais pas!*

Un jour, ce monde immonde touchera le fond
Et tous les yeux grands ouverts verront ce qu'ils font
Les grands bouffis, les fous, et tous les bouffons
De la Terre!

Viendra au monde ce nouveau monde tant désiré
Plus personne ne vivra pour s'entre-déchirer
Le chœur du monde chantera un air inspiré
D'une nouvelle ère...

Oui ça, je le sais! Oui ça, je le sais!

L'enfant qui dort sur la plage (Décembre 2015)

2 septembre 2015. Des réfugiés syriens, tentant de rejoindre l'île grecque de Kos, porte d'entrée vers l'Europe, sont morts au large de la station balnéaire turque de Bodrum. Parmi eux figurait Aylan Kurdi, trois ans, dont les images du corps gisant sur la plage, relayées par les réseaux sociaux et la presse, ont suscité une vague d'émotion et d'indignation dans le monde entier.

Nous quittons un pays sauvage
Où l'on ne peut vivre debout
Où sévissent haine et pillage
Où règnent paroles de boue

On me dit monte dans la barque
Elle mènera au salut
Et du mieux qu'on peut, on se parque
Nous partons, las, mais résolus

La mer berce les espérances
Des hommes, femmes et enfants
Qui rêvent : *«Là, la délivrance!»*
Et qui regardent droit devant

Coincés comme bêtes en cage
Dans un minuscule bateau
Je n'entends qu'un seul cri de rage :
«Oui, nous serons libres bientôt!»

Tout au bout de ce long voyage
Où l'on dit : là est Liberté!
Je n'y ai trouvé qu'un rivage
Et sommeil pour l'éternité

Moi, l'enfant qui dort sur la plage
Je fus trouvé face dans l'eau
Le monde entier voit mon image
L'image d'un rêve trop beau   (SUITE...)

Visage enfoncé dans un sable
Où j'aurais bien aimé jouer
Avec moi git, indiscutable
Votre *humanité échouée**

La liberté? Pas un seul jour!
Tout autre était ma destinée
Puisque je dors et pour toujours
Dans le sable ocre où je suis né

Visage enfoncé dans le sable
Mon âme est montée vers le ciel
D'en haut, je vois l'inexplicable :
D'autres enfants meurent sans voir… l'arc-en-ciel!

*L'expression est vite apparue sur les réseaux sociaux

Des riches et des pauvres (Février 2016)

USA, janvier 2016. Un gros lot d un milliard et demi de dollars US sème la folie!

Que je suis déçu de savoir que ce monde va tout croche
Et que le plus important est de s'en mettre plein les poches
Que les plus riches ne sont que voleurs ou marchands d'armes
Et qu'ils sont insensibles aux morts, et aux survivants en larmes

Au bulletin de ce soir, on dit qu'ils mènent tout dans le monde
Qu'ils ont trop haussé les prix, que la colère du peuple gronde
Qu'au lieu de creuser des sillons pour semer, cultiver la terre
Leurs bombes creusent des tombes, qu'ils ne cultivent que la guerre

Un pour cent possède à lui seul, presque toutes les richesses
Qu'il cache loin en paradis grâce à ses tristes lois traitresses
Mais, avec tant de pauvres gens, d'indigents et de misérables
Quand il donne une miette ou deux, le geste semble admirable

(SUITE…)

J'ai cru être riche à mon tour, hier, il y avait un tirage
Un gros lot de plus d'un milliard, tout un rêve! Ou rien qu'un mirage?
La chance ne m'a pas souri, malgré les dires de l'horoscope
J'ai tout jeté à l'eau, hélas! Ce sont mes enfants qui écopent

De cette histoire farfelue, je vous confie la morale
L'argent ne fait pas le bonheur, et la chance est fort inégale
Et si les riches ont l'air peinés, ils ne le font que pour qu'on pense :
«Soyez heureux d'être pauvres, au Ciel se trouve votre récompense!»

Ne m'oublie jamais! (Juillet 2013)

6 juillet 2013. Un convoi de pétrole brut explose à Lac-Mégantic au Québec, détruisant le centre-ville, tuant 47 personnes. Voici mon hommage aux sinistrés.

N'oublie jamais que j'étais là pour toi
Les jours de chaleur, les jours de froid
J'étais le soleil de tes jours de pluie
L'arc-en-ciel qui ornait ton ciel de suie
Je t'ai aimé(e) tous les jours, toutes les nuits
D'un amour qui était plus fort que le bruit
Bien plus fort que le plus fort des trains mauvais
Pour cet amour qui doit survivre aujourd'hui
Ne m'oublie jamais!

N'oublie jamais tous les beaux jours d'autrefois
Ceux d'avant que je parte sans un pourquoi
J'étais si bien dans le confort de tes bras
Les mots d'amour, tu me les disais tout bas
Un train m'a pris, je n'avais pas de billet
Je ne savais pas même où il s'en allait
Il a soufflé sur nos amours un vent frais
Mais nous a-t-il séparés pour de vrai?
Ne m'oublie jamais! (SUITE…)

N'oublie jamais que j'étais là pour toi
Dans les jours tristes et dans les jours de joie
De mon départ, qu'est-ce qu'on a appris
Que l'amour n'offre aucune garantie
Le pire arrive et l'on ne peut rien y faire
Quelle est la raison de ce terrible enfer?
Au moment où le train calcinait ma vie
J'aurais voulu te dire combien je t'aimais
Ne m'oublie jamais!

Je n'oublierai jamais le son de ta voix
Pas plus que la caresse de tes doigts
Je n'oublierai jamais ta douce folie
Pas plus que tous tes petits mots gentils
Je sais que l'été s'est changé en hiver
Et que tout ça te mettra tout à l'envers
Mais cet hiver ne sera pas si mauvais
Si de loin tu as entendu ma prière
Ne m'oublie jamais!

Je veux te le dire et te le crier
Continue de vivre, continue d'aimer
Mais tu ne dois jamais, jamais, m'oublier!

À qui la faute? (Septembre 2016)

J'avais, ce depuis ma naissance
Des projets, par cents et par mille
J'imaginais mon existence
Bien autrement qu'en vie tranquille
Je me voyais grand dans mon pays
Montant les marches une à une
Je courais même sur la lune!
Ah! Que de projets évanouis!
À qui la faute? À qui la faute?

Le temps qu'il fait sur Terre (Septembre 2014)

Il fait honte sur Terre
Il fait grande misère
Il fait pauvre; il fait froid
Il fait surtout effroi
Il fait chaud, c'est l'enfer
Il fait boulets de fer
Il fait armes de guerres
Il fait larmes de guerres
Il fait bruits qui atterrent
Et des morts qu'on enterre
Il fait grande fureur
Il fait grands führers
Il fait dictateurs
Il fait décimateurs
Il fait obus en fonte
Il fait murs de la honte
Camps de concentration
Camps de déportation
Il fait camps surpeuplés
Il fait fils barbelés
Il fait camps de mouvants
Qui se sauvent en courant
Et qui vivent en mourants
Qui meurent en rang
Et le plus désespérant :
Tout ça dans l'indifférence
Et dans l'oubli...

Il fait honte sur Terre
Il fait enfants qui errent
Enfants sans père ni mère
Et enfants qu'on enferre
Il fait enfants esclaves
Enfants qu'on déprave
Il fait trafic d'enfants
Et jeunes délinquants
Il fait gangs de rue
Espérance disparue
Pornographie infantile
Pédophilie mercantile
Il fait intimidation
Il fait dépressions
Et il fait suicides
Il fait infanticides
Il fait enfants malades
Soignés à la grenade
Il fait enfants affamés
Il fait enfants armés
Il fait enfants du sida
Il fait enfants-soldats
Il fait enfants qui meurent
Bien avant leur heure
Et le pire dans cette horreur
Tout ça dans l'indifférence
Et dans l'oubli...

(SUITE…)

Il fait honte sur Terre
Il fait gaz délétères
Il fait effet de serre
Et futur qu'on enserre
Il fait cupidité
Il fait stupidité
Serres d'oiseaux de proie
Il fait machines qui broient
Machines qui ahanent
Machines qui boucanent
Il fait machines qui pètent
Réchauffant la planète
Il fait marées noires
Océans-urinoirs
Il fait pollution
Et déforestation
Poisons qui contaminent
Poissons qu'on extermine
Il fait OGM
Et climats extrêmes
Écosystèmes ravagés
Il fait grand-danger
Pour dix mille espèces
Qui disparaissent
Dû à notre paresse
Tout ça dans l'indifférence
Et dans l'oubli...

Je voulais connaître la météo
J'ai donc allumé la radio
Partout on répète la même chose :
Que l'avenir est loin d'être rose
Qu'il y aura aussi des tempêtes
Qui nous tomberont sur la tête
Et que, tannés ou pas tannés
On en aurait pour des années...

Si rien n'est fait, ce sera pire
Éclateront bien des empires
Qui ne voient que leur bout de nez
L'homme et la nature, abandonnés...
Aujourd'hui, je me suis levé
Partout, tout semble s'aggraver
Il est difficile pour moi de me taire
Maintenant, il n'y a plus de mystère :
Voilà le temps qu'il fait... sur Terre!

Intersidéré! (Avril 2013)

Regard désabusé d'un voyageur de l'espace découvrant ce qui se passe sur la Terre.

Je viens de l'espace intersidéral
D'une planète qui ne connaît pas le mal
D'où je viens, il n'y a que la paix et l'amour
Pas de fous, de voleurs ni de vautours
Rien que du bon monde
Sur mon monde

Je viens d'arriver dans votre voie lactée
Je vois – déjà! – votre belle planète bleutée
Ah! Comme vous devez tous être heureux d'y vivre!
Je me rapproche encore un peu... histoire à suivre...
Je vous envoie une sonde
J'attends qu'on me réponde...

La sonde est revenue détruite par vous
Grande fut ma surprise oh! oui, je l'avoue!
J'ai pu quand même y voir à travers les débris
Des images d'horreur, des paysages tout gris...

J'ai pu aussi entendre des millions d'enfants
Crier leur famine sous un ciel étouffant
Comment se fait-il qu'un astre si beau
Se retrouve aujourd'hui en milliers de lambeaux?

Je viens de l'espace intersidéral
Où nulle planète ne sait ce qu'est le mal
Tout partout, il n'y a que la paix et l'amour
Pas de fous, de voleurs ni de vautours
Rien que du bon monde...

Pourquoi pas sur votre monde!?!

Ma vie en Syrim (Mai 2016)

Syrim o

Je suis né en Syrim, en zone de guerre
Pourquoi pas aux États-Unis ou en Angleterre?
Qu'ai-je fait de mal pour naître en Syrim
Ai-je commis un crime?
Moi, j'aurais bien aimé naître où l'on joue
Mais, qui choisit qui naît où?

Première Syrim

Un!

Deuxième Syrim

Chanceux :
An deux

Troisième Syrim

Année trois :
C'est, déjà,
Un exploit

Quatrième Syrim

Dans mon pays
Où l'on se bat
Quatre ans de vie :
Action d'éclat!

Cinquième Syrim

Un tout autre éclat
Tiré de bien loin
Made in **US**ine* inc.
Comme un coup de poing
M'a pris mon an cinq

Sixième Syrim

Je n'aurai pas six ans!

*USine (lire «iousine») : usine des USA et usine de l'Union Soviétique

Si la nuit de Noël (Novembre 2014)

Imaginons que chaque flocon de neige est un rire d'enfant...

Des enfants sur la Terre
En haillons délavés
Vivent un effet de serres
Et dorment sur les pavés

Si la nuit de Noël
Tous les flocons de neige
Devenaient ribambelle
De trois milliards de rires en arpèges

Pour un enfant heureux
Un ne peut que rêver
Et implorer les cieux
Plein d'espoir qu'un bonheur
Va arriver

Y a-t-il assez d'amour
Dans ce monde où l'on vit
Pour qu'on le voie un jour
Sans enfants qu'on maltraite
À qui l'on donne un fusil
Sans enfants qu'on regrette
Sans enfants qu'on oublie...
Çà et là sur Terre!

Je prie l'étoile du ciel
Inlassable vigie
Et phare de l'essentiel
D'illuminer le monde d'un peu de magie

Y a-t-il assez d'amour
Dans ce monde où l'on vit
Pour qu'on le voie un jour
Sans enfants qu'on malmène
Sans enfants affamés
Sans futur qu'on aliène
Sans enfants mal-aimés

Oui, pour espérer qu'un jour
Tous les enfants se réveillent
Dans la paix tout autour
Qu'ils jouent, qu'ils s'émerveillent
Volent en éclats de rire en arpèges
Comme des flocons de neige!

L'intelligence (Septembre 2016)

Un jour, on trouva sur une autre planète de l'intelligence
L'homme y envoya des machines pour en rapporter d'urgence!

Le bonheur (Février 2016)

Le bonheur est chose fragile
Et aussi tendre qu'une fleur
Le conserver n'est pas facile
Il se sauve à la moindre peur

Le bonheur est chose infidèle
Craint la routine de la vie
Il peut se passer de modèle
Il ne restera là que s'il en a envie

Le bonheur est chose aléatoire,
Vient tel un oiseau sur la branche
Quand on l'a enfin dans son histoire
Ce jour-là est comme un dimanche

Le bonheur est chose étrangère
Il n'est pas ce que l'on a cru
On l'attend et se désespère
Puis il survient comme surviendrait un intrus!

Le bonheur est chose fragile
A les effluves d'une fleur
Ses émanations volatiles :
À saisir quand on en a l'heur

Le bonheur est chose éphémère
Meurt aussi vite qu'il a crû
À la fin de mon chant, j'espère :
Que mon bonheur à moi ne soit pas disparu!

I am dreaming (April 2013)

Chanson inspirée par les belles chansons des Moody Blues.

I am dreaming from time to time
Of a world that cannot be
Of a new world with no crime
Where the people are glad and free

I was dreaming late last night
Of a place of tenderness
Of a place where is no fight
Of a place of gentleness

The perfect world, it cannot exist
Nowhere but in your dreams
To love, men's black hearts still resist
So the poor and the weak, they still scream

I am dreaming from time to time
Of a world that cannot be
Of a new world with no crime
Where the people are glad and free

I was dreaming late last night
Of a place of brotherhood
Guided only by the light
Where live only men of good

I am dreaming from time to time
Of a world that cannot be
Of a new world with no crime
Where the people are glad and free
I know it cannot be, but…
Let me dream that one day it will be!

Everlasting nights in white satin (November 2013)
Une 2^e chanson hommage aux Moody Blues.

Nights, nights of pain, of cries and tears
Nights of haunting ghosts and fears
Nights of disillusion
Of never ending fights

Words, words of disgrace, words of shame
Words that say fights bring all fame
Words of fanaticism
Nasty words of war… for all

Someday,
You'll see no more domination
Yes, someday,
You'll find no more desperation

Pray for those who live in complete slavery
Pray for those who live in complete misery
Pray for all those who are melancholy men
They are asking why they're stuck in such a den

Pray for those who're living for to pick up the fallen crumbs
Pray for those that never find shields from the falling bombs
Pray for those who're asking why they're stuck in such a mess
Wondering if there is a way out of the darkness

Nights, nights of hopes and full of dreams
Sailing optimistic streams
Nights of reconciliation
Leading peoples toward light

(SUITE…)

Words, words of wisdom, words of love
Hunting clouds in the sky above
Words of liberation
And true words of peace... for all

Someday, you'll feel no more humiliation
Yes, someday, everyone will learn compassion

Where some are pouring out sad seeds of discord
Hundred millions join together, begging blessings from their Lord
They're questioning the balance of power, fame and richness
As every good boy deserves this favor: happiness

They are feeling a brand new dawn of peaceful times
Learning to sing as one and speaking words that all rhyme
Searching for a perfect chord that would agree to all men
And to their children's children's children's children

Hope we will see all the nations of the Earth
Those who hurt along with all those who are hurt
Razing down the wall of shame piece by piece
And smoking in turn a fairly pipe of peace

Peoples are getting on towards brand new horizons
Where they'd be walking on as free men with their sons
Where they'd be living as only one people, out and in
Living forever... everlasting nights in white satin...

C'est ça la vie! (Septembre 2016)

C'est ça la vie, la vie sur Terre   Las! Le pain du second est pierre
Vie de roi, l'autre de misère   Ou miettes du premier par terre
L'un se sert quand l'autre se serre   Demain, car cela, c'était hier
L'oasis se gagne en désert   Vivons donc tous comme des frères!

DES FLEURS ET DES ÉPINES – FINALE

Hallelujah! (May 2013)

My life was nothing but sorrow and pain
Was I invoking your name in vain?
Hallelujah!

All of a sudden you appeared to me
Crowned with a halo so bright and beamy
Hallelujah!

An unforeseen thing is going to happen
You'll take me with you in your dear heaven
Hallelujah!

I'm so glad it's me you have chosen
Cause at first we were seven times seven
Hallelujah!

I feel like I've won the lottery
Thank you for having changed my history
Hallelujah!

My future is in your eternity
You make me feel a piece of infinity
Hallelujah!

Où est l'amour? (Septembre 2016)

Où est l'amour?
Sous les décombres de la guerre...

Que fait l'amour?
Pour l'instant, il se tait et se terre...